DESCIVILIZAÇÃO
Utopia – Democracia – Hipocrisia

Editora Appris Ltda.
1.ª Edição - Copyright© 2021 dos autores
Direitos de Edição Reservados à Editora Appris Ltda.

Nenhuma parte desta obra poderá ser utilizada indevidamente, sem estar de acordo com a Lei nº 9.610/98. Se incorreções forem encontradas, serão de exclusiva responsabilidade de seus organizadores. Foi realizado o Depósito Legal na Fundação Biblioteca Nacional, de acordo com as Leis nos 10.994, de 14/12/2004, e 12.192, de 14/01/2010.

Catalogação na Fonte
Elaborado por: Josefina A. S. Guedes
Bibliotecária CRB 9/870

M817d 2021	Moog, Gilberto Descivilização: utopia – democracia – hipocrisia / Gilberto Moog. - 1. ed. - Curitiba: Appris, 2021. 121 p. ; 21 cm. – (Coleção geral). Inclui bibliografia. ISBN 978-65-250-1064-9 1. Civilização. 2. Utopia. 3. Democracia. 4. Hipocrisia. 5. Ética. I. Título. II. Série. CDD – 901

Livro de acordo com a normalização técnica da ABNT

Appris editora

Editora e Livraria Appris Ltda.
Av. Manoel Ribas, 2265 – Mercês
Curitiba/PR – CEP: 80810-002
Tel. (41) 3156 - 4731
www.editoraappris.com.br

Printed in Brazil
Impresso no Brasil

Gilberto Moog

DESCIVILIZAÇÃO
Utopia – Democracia – Hipocrisia

FICHA TÉCNICA

EDITORIAL	Augusto V. de A. Coelho
	Marli Caetano
	Sara C. de Andrade Coelho
COMITÊ EDITORIAL	Andréa Barbosa Gouveia (UFPR)
	Jacques de Lima Ferreira (UP)
	Marilda Aparecida Behrens (PUCPR)
	Ana El Achkar (UNIVERSO/RJ)
	Conrado Moreira Mendes (PUC-MG)
	Eliete Correia dos Santos (UEPB)
	Fabiano Santos (UERJ/IESP)
	Francinete Fernandes de Sousa (UEPB)
	Francisco Carlos Duarte (PUCPR)
	Francisco de Assis (Fiam-Faam, SP, Brasil)
	Juliana Reichert Assunção Tonelli (UEL)
	Maria Aparecida Barbosa (USP)
	Maria Helena Zamora (PUC-Rio)
	Maria Margarida de Andrade (Umack)
	Roque Ismael da Costa Güllich (UFFS)
	Toni Reis (UFPR)
	Valdomiro de Oliveira (UFPR)
	Valério Brusamolin (IFPR)
ASSESSORIA EDITORIAL	Renata Miccelli
PRODUÇÃO EDITORIAL	Rebeca Nicodemo
DIAGRAMAÇÃO	Daniela Baumguertner
CAPA	Geraldo Moog
COMUNICAÇÃO	Carlos Eduardo Pereira
	Débora Nazário
	Kananda Ferreira
	Karla Pipolo Olegário
LIVRARIAS E EVENTOS	Estevão Misael
GERÊNCIA DE FINANÇAS	Selma Maria Fernandes do Valle
COORDENADORA COMERCIAL	Silvana Vicente

Para meus netos, Leonardo e Gabriela,
na esperança de que tenham um mundo melhor

*O que para mim se apresenta como resultado é a necessidade
de uma ética para toda a humanidade. Nestes últimos anos,
ficou-me cada vez mais claro que este mundo em que vivemos
somente terá chance de sobreviver se nele não mais existirem
espaços para éticas diferentes, contraditórias ou até conflitantes.
Este mundo uno necessita de uma ética básica. Certamente
a sociedade mundial não necessita de uma religião unitária,
nem de uma ideologia única. Necessita, porém, de normas,
valores, ideais e objetivos que interliguem todas as pessoas e
que todos sejam válidos. Não haverá sobrevivência sem uma
ética mundial.*

Hans Kung

APRESENTAÇÃO

Não tenho uma razão extraordinária, mas tenho uma razão suficientemente boa.
Shakespeare

O mal do homem é achar que sabe. Eis porque a ignorância nos é tão recomendada por nossa religião, como elemento próprio à crença e à obediência.
Montaigne

O pior é quando temos os pobres para defender e os ricos para conter.
Rousseau

Eis aqui, leitor, um livro de boa fé. Adverte-o êle de início que só o escrevi para mim mesmo, e alguns íntimos, sem me preocupar com o interesse que poderia ter para ti, nem pensar na posteridade. Tão ambiciosos objetivos estão acima de minhas forças. Votei-o em particular a meus parentes e amigos e isso a fim de que, quando eu não for mais deste mundo (o que em breve acontecerá), possam nele encontrar alguns traços de meu caráter e de minhas ideias e assim conservem mais inteiro e vivo o conhecimento que de mim tiveram. Se houvesse almejado os favores do mundo, ter-me-ia enfeitado e me apresentaria sob uma forma mais cuidada, de modo a produzir melhor efeito. Prefiro, porém, que me vejam na minha simplicidade natural, sem artifício de nenhuma espécie, porquanto é a mim mesmo que pinto. Vivos se exibirão meus defeitos e todos me verão na minha ingenuidade física e moral, pelo menos enquanto o permitir a conveniência. Se tivesse nascido entre essa gente de quem se diz viver ainda na doce liberdade das primitivas leis da natureza, asseguro-te que de bom grado me pintaria por inteiro e nu. Assim, leitor, sou eu mesmo a matéria deste livro, o que será talvez razão suficiente para que não empregues teus lazeres em assunto tão fútil e de tão mínima importância.

Montaigne

Faço minhas, como apresentação deste curto livro, as palavras do sábio Montaigne, no introito de seu *"ENSAIOS"* — é que não tenho a mínima pretensão de levar à publicação qualquer nova visão filosófica ou sociológica da nossa civilização. Quem se dispuser a ler estas "mal traçadas linhas" poderá descobrir ou adivinhar certo aroma de plágio no assunto, afirmando que fulano já escreveu a respeito ou que sicrano já o explorou. Assim, os doutos o desprezarão, escorados na sua superior cultura, repetindo, talvez, que um Nietzsche já dissertara sobre isso, ou que um Foucault já desvendara o assunto, ou que outro eminente filósofo já publicara divagações sobre o tema.

Daí a razão de escrever tão somente para os íntimos e familiares que me conhecem e sabem da minha modesta cultura. O que escrevo é o resultado de meu *otium cum dignitate*. Afinal, o que sobra a um homem de mais de oitenta anos senão ocupar-se de meditações sobre leituras e observações das reviravoltas do mundo contemporâneo? Montaigne, depois de uma vida como soldado, viajante, administrador público, cansou e se retirou para sua provinciana torre, para ler, meditar e escrever. Nesse sentido, sou muito parecido com o mestre. Não tenho torre para me isolar, mas moro num andar alto, com uma vasta biblioteca, tenho óculos de grau e uma confortável poltrona para ler tudo que possa me interessar. Por isso quis partilhar com o leitor amigo algumas conclusões a que cheguei sobre as interpretações da evolução da humanidade.

Mas será necessário cingir-me a poucos temas, para não cansar quem me lê e pela razão de que o tempo corre e nunca se sabe o que dele resta para nos servir. E quais seriam eles? O título do livro já nos informa: a descivilização e suas causas, a desrazão, a hipocrisia e a ignorância. Daí que me lembro novamente de meu querido mestre, quando afirma que o mal do homem é achar que sabe...

Com tempo, muitos assuntos poderiam ser objeto de discussão, como saber, ignorância, religião, fé, autoritarismo, riqueza, poder, obediência, domínio, determinismo, livre arbítrio, crença, força etc. Perdão, discutir não, eis que me foi alertado de sua ineficácia, por um psicólogo amigo, com visão fundamentalista, ao escrever um livro sobre *"Da inutilidade da discussão"*. Se assim for, pendo para lhe acrescentar ao título, talvez também, o da inutilidade da opinião e da razão. É que, como explica a psicologia, sendo o homem múltiplo — tem emoção, reage, tem dor, sente ódio, amor, vaidade, ressentimento; tem espírito, crê, acredita, teme; pensa, raciocina com vaidade, inteligência ou falta dela — por consequência, toda essa mistura que nele é forjada, faz com que sua personalidade seja altivamente defendida. Dificilmente aceitaria modificar sua opinião própria e livre ou, quiçá, determinista, principalmente quando raivosa, orgulhosa e vaidosamente fundamentada.

Por outro lado, como sempre optei pela simplicidade no raciocinar, afasto-me de dissertações eivadas de falsidades criativas do filosofês, do psicologês, do juridiquês, do politiquês, do economês e outras, pronunciadas por ínclitos doutores, que sempre têm algo de obtusa complexidade a inovar e defender.

Então, apenas deixarei em letra de forma, com simplicidade, minhas elucubrações sobre alguns temas para que qualquer leitor desavisado possa delas discordar — ou que quase certamente discordará — sem absolutamente discuti-las.

Aos "ensaiosinhos" sobre a descivilização, pois, caro leitor.

SUMÁRIO

I
A ÉTICA DO DEVER SER..21

II
A INVOLUÇÃO CONSERVADORA...33

III
FUNDAMENTALISMO AUTORITÁRIO..43

IV
DETERMINISMO X LIVRE ARBÍTRIO.......................................53

V
O BOM E A HIPOCRISIA DO CONTRÁRIO..............................63

VI
OPINIÕES E ESCLARECIMENTOS...73

VII
AS MAZELAS DA CIVILIZAÇÃO 81

VIII
O MUNDO É ASSIM MESMO 91

BIBLIOGRAFIA 101

LIVROS DE GILBERTO MOOG 117

I

A ÉTICA DO DEVER SER

A ética, essa ciência que pressupõe o conhecimento de todas as demais ciências, constitui o supremo grau de sabedoria.
Descartes

Encontrar o norte do nosso ser ético que nos une à ordem universal, é a conquista humana de maior significação. Por largo tempo a humanidade tem sido muito pouco capaz de lográ-la.
Confúcio

A ética e a natureza são, no fundo, uma mesma coisa.
Spinoza

Uma das indagações que sempre despertou a curiosidade dos homens, com mais ênfase no atual conturbado século XXI, é a de porque o homem não consegue viver em paz e feliz na sociedade. Pergunta-se o que seria o mundo hoje se não houvesse o ódio das guerras, do domínio dos mais fortes, das revoluções, dos impérios, dos totalitarismos autoritários. E se tem como quase verdade que, se efetivamente o homem tivesse instituído a utopia da sociedade justa, harmoniosa e culta, estaríamos evoluídos em conquistas de desenvolvimento humano inimagináveis.

Se hoje o homem consegue ir à Lua, imagine-se num mundo utópico em que possivelmente já poderia habitar outro planeta? Se hoje o homem vive em média até os 70, 80 anos, não seria de se supor que pudéssemos ter atingido, no século XXI, a média de vida aos 120, 130 anos? E as doenças, quantas já não teriam alcançado a sua cura definitiva? E a comunicação, o transporte, a alimentação, a intelectualidade, tudo enfim, estaria muito mais evoluído. Em razão disso, a felicidade do ser humano seria muitíssimo maior.

Mas, por outro lado, muitos acreditam e afirmam que o mundo já está extremamente evoluído, conseguiu o inacreditável, que a civilização chegou a um nível de desenvolvimento nunca imaginado. É de extasiar o grau de aperfeiçoamento humano em todos os setores do conhecimento, na cultura, nas ciências, nas artes, na tecnologia, na psicologia etc. Certo. Houve evolução. Rápida, lenta, muita, pouca? E a felicidade humana? Também evoluiu? A satisfação da raça humana em suas necessidades é plena? Há teto para todos habitarem? Há agasalhos para todos se protegerem? Há alimentos para todos se satisfazerem? Aí as respostas ficam no titubeio.

Não há resposta. Parece que a humanidade sente vergonha em tentar responder a tais indagações. Daí nos depararmos com a realidade das estatísticas, sejam das mortes, da fome, das doenças, das avassaladoras agruras e tragédias que pairam sobre os seres humanos. Basta verificar uma realidade de dados fornecidos por entidades públicas de pesquisa, como a ONU, em que num mundo de sete bilhões de seres humanos, a riqueza material de sua metade mais pobre, três bilhões e meio de habitantes, se equivale à possuída por 27 pessoas multibilionárias. "Não!", dirão. "Brincadeira!". "É mentira!". "Impossível!".

No entanto, é a realidade das realidades. A barbaridade das barbaridades. Realmente inacreditável. De dar engulhos. Mas, infelizmente, é o que é. Isso faz parte do desenvolvimento civilizatório? E qual a explicação para tal tragédia? A descivilização decorrente do lado ruim do homem, da sua passividade alienada. Das guerras, da exploração, dos impérios, das revoluções, da cobiça, da inveja, do domínio de classe.

É claro que os doutos bem-intencionados arguirão que tais mazelas são naturais, talvez até necessárias, para impor ao homem o conserto de suas imperfeições, resultando no desenvolvimento da civilização por meio das conquistas em todos os ramos da cultura. Não desmentem que hoje temos uma aberrante desigualdade social e econômica, mas em compensação, arguem, temos um muito maior desenvolvimento tecnológico que veio a serviço da humanidade. Veja-se as curas das doenças, os medicamentos que evitam sofrimento, a evolução da ciência em todos os ramos, que permitem o homem viajar para qualquer lugar do mundo em máquinas aéreas, a visita material do astronauta na lua, a comunicação cibernética em que em todos os recantos do planeta, em segundos, o ser humano ouve de viva voz mensagens de seu irmão a léguas de distância, e até o vislumbre de sua imagem real etc. Tudo verdade. Mas e esse avanço está ao alcance de toda a humanidade?

Será que a resposta à indagação seria que o homem é naturalmente imperfeito e assim deve ficar, sendo sua tendência a de jamais se aperfeiçoar? Deve aceitar-se que as imperfeições são natas e imodificáveis, como muitos afirmam, que os seres humanos são naturalmente egoístas, individualistas, vivem tão somente por e para si? Esse é o ser em toda a sua complexidade de múltiplas facetas emocionais, racionais, espirituais, desvendadas pela psicologia através dos tempos. Deve-se a essa parte da filosofia o imenso desvendamento sobre o que seja o homem. O problema é que a ciência para nesse conhecimento do ser e afirma que o homem é assim, dificilmente mudará.

Isso explica em parte a tal impeditiva evolução da humanidade. É que sempre se deu muito mais valor a parte da filosofia que explica o ser, do que a que se identifica com a outra a do dever ser da ética. A do conservadorismo do deixar estar em prol dos poucos que se deram bem, do que o progressismo do dever ser da felicidade e da justiça social. O do egoísmo do pensar e manter a si próprio como é, do que o do altruísmo e solidariedade para a evolução de todos em sociedade. Na política, a da direita conservadora, do que a da esquerda progressista.

Vejamos, de uma maneira simplificada, o caminhar da civilização. O homem almeja viver a vida bem, com satisfação, com felicidade, porque sabe que ela terá um fim. E como vive junto a outros seres humanos, aprende que tem que viver social e harmonicamente, o que significa ter que respeitar a felicidade do outro. Daí nasce a ideia da justiça social, do respeito ao próximo, da solidariedade, do altruísmo. Resumindo, viver numa sociedade igualitária em que ninguém será superior ao outro. E também assegurar ao máximo a liberdade a todos, mas com a exigência da responsabilidade de todos também para que não firam a liberdade do outro. Simples!

Mas um dos males da intelectualidade do homem é que, para defender suas ideias ou seu status de vida, desenvolve teses complicadas que, em vez de simplificar para esclarecer, acabam confundindo. Muitas vezes surge daí a hipocrisia e o cinismo. Um exemplo: é princípio universal, inserido em todas as constituições democráticas, que todos os homens são iguais em direitos. Será mesmo? Será que os três bilhões e meio de seres humanos exercem os mesmos direitos dos 27 indivíduos mais ricos? Será que gozam da mesma liberdade, que é também garantida a todos? Pelo que afirmam as cartas magnas em que os ingênuos acreditam, não há o que contestar. E quando alguém levanta qualquer dúvida a respeito, surgem logo os doutos que explicam, interpretam, complicam, e criam várias doutrinas, às vezes completamente opostas, para dizer o que significa igualdade e liberdade.

Dirão alguns, como o douto Rui Barbosa, que igualdade consiste em tratar desigualmente os desiguais na medida em que se desigualam. Para outros, liberdade é fazer o que se pretende sem qualquer responsabilidade. Ou, talvez, liberdade é a possibilidade de explorar o próximo, como no moderno livre mercado. E por aí vai.

Mas, em vez de complicar, deve-se sempre pensar com simplicidade. Veja-se na filosofia, a lógica, a psicologia, a ética, por exemplo. Quanto mais simples os seus enunciados e ensinamentos, mais e melhor serão absorvidos os seus conceitos. Diria até suas verdades. Por exemplo, a Psicologia estuda o homem, a mente humana, suas funções, suas reações, suas emoções, suas imaginações. Grande ciência que, através dos tempos, desvenda as razões das variadíssimas ações do ser humano. O homem é múltiplo. Será egoísta e também altruísta. Será passivo e agressivo. Será bom e mau. Será corajoso e covarde. Será materialista e espiritualista. Sempre múltiplo. E o que forma sua personalidade? Muito vem da herança genética, afirmam. O grande Freud ensina que tudo vem da reação do sexo, desde o nascimento. Já outro, como Marx, esclarece que não é a consciência do homem que lhe determina o ser, mas, ao contrário, o seu ser social é que lhe determina a consciência.

Tudo bem, isso, e muito mais, explica o homem. E também porque o mundo do homem é o que é. E por que não indagar o que deveria ou poderia ser? Diferente? Melhor? Daí entra outra parte da filosofia, a ética. A que trata da ação moral do homem, daquilo que deve ser seguido, da separação do certo e do errado, do bem e do mal. Simples como deve ser seu entendimento. Assim, a psicologia é a ciência que explica o homem como ele é, e a ética ensina o homem como deve ser. A ética vem do pensamento, da razão. Não quer explicar o homem. Indaga como aprimorá-lo, qual deve ser o seu viver, para onde devemos caminhar. Assim, o dever ser para o aprimoramento da vida do homem, da vida social do homem (o ser humano só e isolado não precisa ter ética), é que seria o objeto primordial da ética, da própria filosofia. Quem opta pelo certo, o dever ser, será ético. Quem opta pelo bem, o dever ser, será ético. Quem opta pelo bom, o dever ser, será ético. Quem opta pelo justo, o dever ser, será ético.

Perguntarão: e a liberdade de escolha, de opção? Ora, quem opta pelo outro lado, não será ético, opta pelo que não deve ser. Mas tem toda a liberdade para fazê-lo, desde que não prejudique seus iguais em sociedade. Aí, obviamente, deve ser combatido.

Quanto à liberdade de escolha, ao livre arbítrio, fico a indagar se ele existe como queremos crer. Hoje, a discussão entre os cientistas tomou um rumo muito mais pesado no sentido de que o determinismo comanda os atos do ser humano. Alguns chegam até a assustadora afirmação de que o livre arbítrio não existe. Por outro lado, muitos também, mas em menor número e reconhecidamente conservadores, continuam a defendê-lo. Tal discussão terá muito a ver com as elucubrações a serem feitas daqui em diante sobre as causas da nossa parca evolução.

Chego, ao fim e ao cabo, à razão da descivilização: o esquecimento, ou melhor, a firme obsessão de desconsiderar a ética. Fosse ela observada através dos tempos, teríamos alcançado, há muito, a utopia. E por que a humanidade não conseguiu tal desiderato? Concentro-me em três instituições conservadoras — intransformável e permanentemente conservadoras — que são as responsáveis pelo lentíssimo evoluir da civilização. São elas as eternas donas do poder. O poder material da riqueza, do capital; o poder espiritual da religião, da igreja; o poder da força bélica, do militarismo. Desprezam com ignorância e alienação, a razão ética do dever ser para o desenvolvimento de toda a humanidade. O que lhes interessa é o apenas ser, o imutável, o deixar estar, em benefício exclusivo de quem se deu bem, de si próprias, uma minúscula porção dos seres humanos, mas extremamente poderosa. Em cínica concordância com a aspiração do dever ser social, criaram até éticas próprias, as que lhes servem: a ética cristã, a ética militar, até a ética liberal capitalista.

Pode haver outras entidades deletérias, como a tal "livre" e "isenta" imprensa, que é serva e porta-voz dos interesses do poder estabelecido, a lhe ditar as diretrizes da informação para a torta formação de opinião. Mas, a meu ver, são as três citadas de que nos ocuparemos neste livro, as principais instituições históricas impeditivas da evolução do dever ser ético para o bem do aperfeiçoamento humano.

II

A INVOLUÇÃO CONSERVADORA

Como pensar que as ideias religiosas são essencialmente moralizadoras, quando se vê que a história dos povos cristãos é tecida de guerras, de matanças e suplícios?
Anatole France

Um militar é uma pessoa que crê que o verdadeiro poder se estriba na faculdade de matar, e que a Providência Divina está do lado dos batalhões mais numerosos e melhor armados.
Bernard Shaw

O poder e a riqueza são entre os homens causa de lutas e guerras.
SALUSTIO

O sonho ético da justiça social, da liberdade, da igualdade, da fraternidade, perdura. Mas infelizmente fica só no sonho. É que a história foi sempre explicada como um caminhar para frente, na tentativa de melhora. Entretanto, durante todas as etapas da história em que a razão junto da ética do dever ser tentaram esclarecer o homem para o caminho do aperfeiçoamento de sua sociedade, cada vez querendo consertar iniquidades, a realização do melhor, deparam-se com seu contrário, o da desrazão humana de manter-se no seu pragmatismo ditado pelas forças que se deram bem, o eterno conservadorismo. Assim repete-se de época em época a resistência ao que é novo, ao que é melhor. Demole-se tudo que possa tentar modificar o status quo. Este tem que perdurar em prol dos superiores que o conquistaram, dos que dele se beneficiam, dos que não o querem repartir, dos que almejam nele se perpetuar *ad eternum*. Tal atrito entre os superiores e os inferiores desemboca na sempre continuada luta de classes.

Veja-se a antiga cultura grega que, depois de medos, persas, egípcios etc., com anos de dedicação à razão, desvenda a filosofia, cria a democracia, inaugura a república. Evolução, conhecimento, aprimoramento, retrato de Sócrates, Platão, Aristóteles, e muitos outros. Grande civilização, que enalteceu e fez crescer o homem racional. Em seguida vem o império romano a conquistar todo o ocidente com base na força do militarismo. Espertamente — ou alienadamente — deixa-se juntar com a religião dos mais espertos ainda chamados de cristãos, adotando-a como estatal, e domina todo o ocidente por séculos de trevas, a chamada idade média, fundando a civilização dita cristã. Para que esta vingue, há que destruir toda a cultura helênica. Assim, no século quarto de Constantino, queimam-se os livros gregos, destroem-se estátuas e monumentos de deuses, ditos hereges e pagãos, por não se coadunarem com a nova seita cristã. O que de cultura se perdeu é inimaginável.

Anos se passam e as monarquias cristãs, com a cultura analfabeta dos servos da gleba, se deparam com a invasão árabe na península ibérica. Com a ajuda do conhecimento árabe, muito mais evoluído, redescobre-se a cultura grega e começa daí a surgir novo movimento racional, o renascimento. O homem admira-se a si próprio, usa a razão e a criatividade, e vê surgir grandes artistas, poetas, escritores, cientistas, filósofos, como Da Vinci, Michelangelo, Copérnico, Ptolomeu, Thomas More, Erasmo. É uma época de grande desenvolvimento racional e emocional, despido da espiritualidade, a dar mais humanismo ao homem.

Mas não demora muito e a força do conservadorismo, por não querer perder seu status de mando, resolve obter mais riqueza e mais obediência para os senhores do mundo. Surge o império espanhol de Isabel la Católica, herdado dos vários reinos monárquicos impostos pelo cristianismo, a conquistar as Américas, não para inaugurar novas e melhores colônias, mas, guiado pela cada vez maior cobiça, para

DESCIVILIZAÇÃO

trazer ouro e prata. Para todos? Não, para os oligarcas da nobreza e do clero. Seus exploradores matam milhares de selvícolas, seres inferiores, pagãos, não sem antes de receberem o batismo dos clérigos para a salvação de suas almas. Destroçam antigas civilizações de grandeza ímpar, como a dos Maias, dos Aztecas, dos Incas, para sugar mais riquezas. É só no que pensam. Também torturam e matam infiéis, feiticeiros, pagãos e hereges, na famigerada inquisição, por não obedecerem às divinas ordens superiores. Chamam a isso, cinicamente, de desenvolvimento da civilização cristã.

Passam-se os anos e, mais adiante, o homem volta a pensar e surge aos poucos o mais lindo movimento racional, o iluminismo dos maiores pensadores, como Rousseau, Montesquieu, Diderot, Voltaire, Meisler, Kant, que desemboca na Revolução Francesa, da igualdade, da liberdade e da fraternidade. Quanto não deve a sociedade humana a esse transbordamento racional para seu aprimoramento!

Continua o tempo a rolar e novamente volta o conservadorismo da burguesia oligárquica, chefiada por um militar minúsculo, auto coroado imperador, Napoleão, a reestabelecer a monarquia absoluta, associada à igreja e defendida pelas armas do poder bélico. Vêm revoluções, guerras, domínios, desenvolvem-se os impérios europeus dominadores do mundo. E novamente surge mais um genial sonhador que ensina: "até agora a filosofia se ocupou de explicar o mundo; chegou a hora de transformá-lo". Sob o patrocínio desse inigualável pensador, Karl Marx, seus discípulos Lenin e Trotsky o intentaram com a vitoriosa Revolução Russa. Ali parecia que afinal a justiça social da igualdade dos homens tinha chegado. Durou pouco, alguns anos de ilusão!

Novamente a oposição irrefreável do poder conservador, por meio de guerras e domínio, impõe seus ditames. Vem a cortina de ferro. A divisão do mundo em capitalismo e socialismo. A produção da abominável bomba atômica, como a dizer que se o mundo não aceitar a vida ditada pela ala conservadora, chamada hipocritamente de democrática, a tragédia atômica será detonada em sua defesa e destruirá toda a ala oposta "antidemocrática" e incivilizada"!

Mas, com receio de provocar o fim do mundo com guerra atômica, o conservadorismo do império mundial adotou a chamada "guerra híbrida" para continuar a dominar as nações mais fracas. Seu objetivo é de influenciá-las sub-repticiamente, por meio da espionagem; da infiltração cínica de representantes por debaixo dos panos; da provocação de revoltas bélicas no interior de países; da doutrinação dos presunçosos defensores da democracia "liberal"; da divulgação das *fake news* por meio da imprensa vendida, para o convencimento da população etc.

Alguns exemplos: a malfadada invasão de Cuba pelos cubanos de Miami; a autoproclamação de um frustrado parlamentar como presidente da Venezuela; a incentivada e demorada guerra da Síria; a instalação da ditadura de 1964 no Brasil; como, também, o golpe de 2016 com o resultado da eleição de 2018, instigado e sustentado pelo conhecido processo da Lava Jato; e muitos outros.

Em resumo, esse poder jamais cederá. Rege-se pela filosofia psicológica do apenas ser, do homem egoísta, da satisfação material, do realismo pragmático. A filosofia ética do dever ser fica esquecida, é considerada utópica, um sonho irrealizável. Não há nada a fazer, eis que o homem é assim mesmo, não há mudá-lo, e o mundo será sempre esse vale de lágrimas. Entretanto, para muitos, a utopia existe, continuará a ocupar as mentes racionais dos homens éticos, ingênuos lutadores a combater quixotescamente moinhos de vento.

DESCIVILIZAÇÃO

Apesar dos sonhos, ou talvez em razão destes, surgem três tentativas resultantes dos movimentos transformadores da história. Primeiramente a utopia com o vislumbre de uma sociedade justa. Depois o esforço de uma sociedade possível com a democracia. E, finalmente, a implantação pragmática de uma sociedade aparentemente possível, com o cínico e demagógico liberalismo.

E por trás desse poder, escoram-se irmanadas as já citadas três instituições que sempre comandaram a humanidade: a material, da riqueza, do capital; a espiritual da fé, da igreja; e a força bélica, do militarismo. Todas impositivas. Não há como vencê-las.

São semelhantes na sua formação e na sua sustentabilidade através dos tempos. São autoritárias, totalitárias. Não admitem contrários. Elas detêm a verdade. Doutrinam o homem e mantem seus prosélitos sempre obedientes diante do autoritarismo. Assim, todas corporativistas — pois a união faz a força —, nas escolas religiosas, como nas escolas militares e também nas escolas formadoras de mão de obra, impedem o ensino de tudo que possa esclarecer a cultura humana e que possa contradizer suas diretrizes: a hierarquia, a obediência, a doutrinação, o treinamento, a alienação. São da classe superior, destinada ao domínio dos incréus, dos idólatras da inverdade!

Poderia alguém pensar em vencê-las? Ilusão! Jamais! A tal civilização cristã, especialmente, já convenceu a humanidade de que a paz social da felicidade só será conquistada depois da morte, em outra vida, a eterna, ao lado do criador onipotente que fez tudo isso. Esse tal de Deus (criação inteligente dos hebreus), é que estava certo, quando expulsou Adão e Eva do paraíso, por terem desobedecido a suas ordens de se manterem na ignorância da fé, e preferiram comer do fruto proibido da razão para obter saber da árvore da sabedoria!

III

FUNDAMENTALISMO AUTORITÁRIO

Temos usado a Bíblia como se fosse uma dose de ópio destinada a conservar em mansidão bestas de carga, enquanto não sendo descarregadas, simples manual para manter os pobres em ordem.
Rev. Charles Kingsley

É por isso... que essa canalha que prega que os trabalhadores e as classes baixas devem viver melhor do que vivem, vai de encontro à expressa vontade da igreja e de nosso Senhor, e não merece senão chicote, como excomungados que são.
"Crime do Padre Amaro" – Eça De Queiroz

Sentimento de dependência é o fundamento da religião.
Ludwig Feuerbach

Ocupo-me da ética, daquela ética verdadeira tão esquecida e, senão esquecida, tão deturpada através dos tempos. A ética hoje é múltipla. Cada grupo fundamentalista doutrina a sua. Veja-se a igreja cristã, que afirma ser dona da ética verdadeira. Pois Deus não é a própria verdade? Daí o admirado teólogo Max Scheller afirmar que quem não é cristão terá quando muito uma ética ressentida!

E o capitalismo, defendido a ferro e fogo pelos seus adeptos, com o tal de livre mercado, a produzir o justo lucro, que traduz a mais pura ética da justiça social, da democracia, da liberdade e da igualdade! Pode?

Sem falar do poder armado que se arvora a afirmar e acreditar que a verdadeira ética será defender a democracia, a pátria, e sua população, mas que se traduz simplesmente na defesa absoluta dos donos do poder e suas idolatrias!

O dever ser da ética pode simplesmente ser entendido como o dever ser de todos, do melhor para todos. Assim, a solidariedade e o altruísmo seriam éticos. E o contrário, o egoísmo e o individualismo, seriam o que? Para os perturbados dias atuais, de cada um viver por si, se não puderem ser entendidos como éticos, seriam vistos como atitudes necessárias para encarar o mundo real, que é caótico. Daí a adoção das verdades científicas da psicologia: o mundo é assim mesmo, brutal e agressivo. O homem, em sua própria defesa, também é assim mesmo. Querer mudá-los é ir contra a realidade, é não querer ver, é acreditar em utopias, em sonhos irrealizáveis.

Eis o pensamento pragmático das doutrinas fundamentalistas, seja da igreja, do capitalismo ou das forças armadas. A rigidez autoritária de suas filosofias impede qualquer elucubração contrária, advinda do livre pensamento, do livre arbítrio. Vá alguém pensar diferentemente da doutrina cristã, por exemplo, e dizer que quem escreveu a bíblia foram os homens e não Deus. Ou que Maria não poderia permanecer virgem depois do parto de Jesus. Ou que não há qualquer prova, sequer mínimos indícios, da tal ressurreição. Esse é o livre pensar, é o livre arbítrio de escolha do que se acha mais real, correto, melhor. Mas daí vem os grandes filósofos da igreja, como Thomas de Aquino e Agostinho, e ensinam nos seus trabalhos sobre *O Livre Arbítrio*, que é claro que todo ser humano tem sua liberdade para pensar e decidir, só que, se pensar ou decidir contrariamente a Deus, que é a verdade, então estará errado, estará ao lado da mentira! E durma-se com um barulho desses! Quem, em sã consciência, exercitará seu livre arbítrio para ir contra a verdade? Então deve parar de pensar, de raciocinar e absorver sem pestanejar a verdade verdadeira.

DESCIVILIZAÇÃO

Tal filosofia é imposta a todas as instituições fundamentalistas autoritárias. Sempre que houver alguma resistência a elas, pelo progressismo do pensar, do uso da razão, surge, por meio da emoção, a violência defensora da pseudoverdade conservadora. Foi assim através dos séculos. Dificilmente haverá modificação na vida do homem por muitos anos à frente. A tal idolatrada civilização cristã que, com o imperador Constantino, se impõe como poder estatal desde meados do quarto século, dominou, guerreou, doutrinou, obrigou, completamente até meados do século dezoito. São 1400 anos de domínio absoluto, até esbarrar na resistência da razão iluminista. Mas, mesmo assim, continua a querer dominar o mundo com seu conservadorismo emocional, com seu determinismo, distorcendo e, às vezes, até implantando ideias ultrapassadas como novas para manter o status quo.

Alguém pode realmente achar que seria possível mudar a cultura ocidental assentada a ferro e fogo, depois de mil e quatrocentos anos de domínio? Ilusão!

Recorde-se, por exemplo, o surgimento da teologia da libertação, de uma beleza extraordinária. O que pretendia? Dizer aos cristãos que o principal papel da igreja era o de libertar o homem da pobreza, da inferioridade, da subjugação, eis que todos eram filhos de Deus em igualdade de condições. O amar aos outros como a si mesmo seria impor como certa essa igualdade, varrendo da terra a pobreza. Ao invés da igreja patrocinar tal ideia com ação firme, o que faz? Tanto o santo João Paulo II quanto o papa seguinte renunciante impediram a divulgação de tal doutrina, repudiando-a como anticristã, ou mesmo até marxista. Então, inteligentemente vislumbraram que se tal teologia fosse posta em prática e vencedora, a pobreza acabaria, não existiriam mais pobres. Não haveria, pois, mais necessidade de esmolas. Não haveria qualquer razão para o exercício da caridade. Infelizmente não teríamos mais a canonização da Santa Irmã Dulce, que dedicou a vida aos pobres. Qual a razão então da existência da igreja na defesa dos pobres, se eles não mais existissem? É claro que a igreja de Cristo para permanecer de pé, em defesa dos necessitados, tem que manter e até incentivar a pobreza.

E o que dizer dos mandamentos cristãos fundamentalistas, aqueles que elevam a propriedade como um dos maiores bens a ser venerado e respeitado. "Não furtar"! Mas, num mundo criado por Deus em que tudo é de todos, furtar o que, de quem? Outro: "Não cobiçar as coisas alheias". Se os bens terrenos são tão meus quanto de outros, são de todos, cobiçar o que, de quem, se não deve haver propriedade? E o tal de "não desejar a mulher do próximo". Por que não instituir também o não desejar o homem da próxima? Simplesmente porque a mulher, historicamente, era "propriedade" do homem!

Mas deixemos a religião cristã e a igreja. Não quero ser apedrejado pelas "mentiras" em que acredito. Da mesma forma que, no século XVIII, não quis ser motivo de castigo mortífero pela igreja inquisitória, o grande Jean Meslier. Padre a vida inteira, pároco em uma pequena aldeia no interior da França, não ousou publicar em vida o seu ótimo *Testamento*, para não receber o óbvio castigo que lhe seria imposto. Então teve a pachorra de deixar em três cópias manuscritas de mais de trezentas páginas, o seu precioso testamento para ser lido depois de sua morte. Nele expõe e arrasa por completo, as muitas mentiras e hipócritas doutrinas da igreja cristã. Não é de espantar que o livro foi perseguido, talvez queimado, e só veio à tona anos depois, salvo por um dos destinatários.

DESCIVILIZAÇÃO

Sem querer cansar o leitor, voltarei o meu pensamento ao que levantei há pouco, sobre o determinismo e o livre arbítrio.

IV

DETERMINISMO X LIVRE ARBÍTRIO

*O poder, qual peste desoladora, polui quanto toca; e
a obediência, ruina de todo gênio, virtude, liberdade
e verdade, transforma as pessoas em escravos, e o
corpo humano, num autômato mecanizado.*
Shelley

*De religião temos o suficiente para odiarmos uns
aos outros, mas não o bastante para nos amarmos
mutuamente.*
Jonathan Swift

*O estado a serviço das classes dominantes utiliza as
forças militares para defender o status quo.*
Gramsci

A referência ao determinismo não deve ser entendida como o do *gene*, que os cientistas hoje muito examinam. Penso num outro determinismo, aquele que forja pela educação, pela doutrinação, desde cedo, a alienação mental de gerações e mais gerações.

Pode-se imaginar a mocidade de muitos jovens do nosso tempo, com a educação que tiveram aqui no ocidente, pensarem por si com o livre arbítrio? De usarem a razão na indagação de dúvidas sobre questões da vida? De simplesmente exercerem o objetivo precípuo de animais racionais? Não, é querer muito. Pois nascem e são batizados como cristãos. São dirigidos. Crescem um pouco e são doutrinados na escola de freiras ou de padres sobre o catecismo para receber a primeira comunhão. Aprendem, contritos, tanto dos religiosos quanto dos pais e parentes sobre os milagres e a bem-aventurança do paraíso. Para obtê-los, tem que obedecer a Deus e seus mandamentos. Festejam emocionados a Páscoa do coelhinho, o Natal de Papai Noel, e os dias santos. E seguem em frente, obedientes para depois serem crismados, tornando-se soldados de Cristo. Outro sacramento para forjar a alienação. E por aí vai. Depois se formam num colégio cristão onde se ensina também a religião verdadeira. Ao fim, ingressam numa faculdade cristã onde, sobre tudo que for cultura contrária aos seus ditames, passa-se ao largo, eis que não se coadunam com a "verdade". Pergunto, onde e quando essas pessoas poderão exercer o livre arbítrio? O determinismo doutrinário de uma formação espiritual-emotiva de fé, os tornaram alienados para o uso racional do livre pensar. Não indagam. Não discutem. Não tem dúvidas. Eis que são forjados e direcionados, como robôs, para seguirem sempre numa única direção. A "verdadeira"!

Mas atentai. Não estou a subestimar qualquer pessoa que possa se enquadrar nessa descrição. Não quer dizer que sejam ignorantes ou de parca inteligência. Pelo contrário, conheço várias que são cultíssimas e muito inteligentes. Respeito-as no seu mundo mais ou menos ficcional, pois não seria culpa delas serem forjadas pelo determinismo doutrinário. Mas continuo a preferir e admirar a formação do homem pelo mundo da razão.

Refiro-me à razão platônica, a dos diálogos, a da circulação das ideias, a da humildade de ouvir os lados, a da busca da verdade. Não a da interpretação fuleira da filosofia pragmática, de que tudo que é platônico é sonhador, irreal.

Na mesma linha, poder-se-ia indagar se um militar, depois do ingresso na academia e doutrinado e treinado durante anos sobre força, obediência e hierarquia, teria condições de exercer o livre arbítrio, que pudesse pôr em dúvida alguns desses elementos. Seria processado, preso e expulso dos quarteis. Se isso não é determinismo, como classificá-lo? Imagine-se se um oficial brasileiro preferir se especializar nos assuntos militares em um curso, por exemplo, nas forças armadas da Rússia ou da China. Não

DESCIVILIZAÇÃO

dá nem para especular. É determinada e obrigatória a frequência de cursos de aperfeiçoamento (de tortura, de combate aos comunistas, de matança dos explorados revoltosos chamados terroristas etc.) no império da democracia americana. Não é isso determinismo puro?

E que dizer do capitalismo? Para seus adeptos, a maioria alienada da população oligárquica, a economia não tem várias faces a discutir. Ela é única. É a liberal desenvolvimentista. A capitalista do crescimento do PIB, a da reserva fiscal, do livre mercado. É aquela explicada por um economista, em comentário a artigo de jornal, que afirma que a riqueza do capital é criada pelo esforço dos indivíduos que usam da criatividade, talento e competência para criar e oferecer produtos e serviços que ajudam as pessoas a viverem melhor. Lindo de morrer. E, claro, não há a mais remota menção à primordial razão da riqueza capitalista, o benfazejo lucro, advindo do esforço de quem efetivamente trabalha e produz, mas que o não recebe. E, coroando os conceitos elogiosos que regem o capitalismo, temos esse primoroso enunciado de um genial ministro da ditadura: o deixar primeiro crescer o bolo dos oligarcas para depois distribuir seus farelos aos trabalhadores. Sem comentários!

Mas há muitos que afirmam que as novas gerações se tornaram independentes, tem evoluído do determinismo para o livre arbítrio do livre pensar. Tenho minhas dúvidas. Em conversa com jovens amigos, inteligentes e preparados, fico sabendo que o que escrevo eles classificam como um sonho utópico pueril de um ser humano puro e ingênuo. São realistas, nem pessimistas nem otimistas. Encaram a vida de maneira pragmática. O mundo é um caos. Há que dele se defender para poder viver. As novas gerações estão absolutamente forjadas, de maneira imodificável, numa filosofia do viver exacerbadamente individualista, materialista, capitalista, egoísta, isolacionista, antissocial.

Regem-se por mestres ditos realistas, que com muita inteligência e maior ainda vaidade, ditam as regras do pensar e do viver, derrubando tudo que seja filosofia racional otimista. Não é outra a influência de um douto astrólogo brasileiro que mora no exterior e que se intitula filosofo. O seu curso de filosofia pela internet dirige-se a formação dos incautos ignorantes que aspiram algum norte na vida, e seguem, militarmente ou religiosamente, os ensinamentos destrutivos do mestre. Meio lunático e extremamente vaidoso, tanto que afirma ser o único e melhor escritor inteligente do Brasil. E doutrina também que a terra é, sim, plana. Dispenso-me de lhe citar o nome.

E há também outros tantos filósofos modernos, americanos, ingleses, alemães ou franceses, mais ilustrados e divulgados. Não resta dúvida que são mesmo inteligentíssimos, mas em razão disso mesmo, se julgam tão superiores, que a vaidade chega a cansar e ofusca suas complexas ideias, imaginadas como novas e verdadeiras.

Nunca tiveram a sábia modéstia de afirmar que "só sei que nada sei". Herdaram esse modo de ser de outros grandes gênios, que só vêm na vida e nos homens, a tragédia dos defeitos do mundo, como um Nietzsche ou um Freud. Veja-se um Compte-Sponville, que para aparecer como mestre do entendimento do mundo, em quase toda sua obra cansativa, só afaga o peito de vaidade e fica num vai e vem, contra e a favor, nem certo nem errado, muito pelo contrário, a derrubar toda e qualquer filosofia que defende conceitos diretos e simples, como, aliás, sempre foi o objetivo dessa ciência através dos tempos. Tal professor, não há negar, é muito inteligente, mas seus escritos, como de outros colegas filósofos modernos, não passam de uma espécie de masturbação mental que nada concebe, nada cria, nada esclarece, nada almeja, senão apenas a satisfação do gozo de uma vaidade intelectual exacerbada.

DESCIVILIZAÇÃO

Infelizmente, as novas gerações ditas independentes, que adotaram o individualismo, o egoísmo, o materialismo, o fundamentalismo, o determinismo e o isolacionismo, se deixam levar por esses mestres que ensinam que o único norte a seguir é o do realismo pragmático, o da defesa egoística própria, ou seja, o mundo é esse caos perene, a vida e o homem são assim mesmo, não há modificá-los. O pensar, o almejar, o participar, o aprender, o melhorar, o desejar, o solidarizar, o amar, tudo isso será apenas o óbvio pueril do sonho que não leva a nada. Tristes tempos!

Enfim, devo ser mesmo de outros tempos e de outro mundo. Do mundo dos sonhos, do otimismo, da liberdade, do mundo da igualdade, da justiça social, das relações humanas, da solidariedade, do amor, enfim, do mundo utópico da salvadora ética do dever ser ou, como queiram os mais sabidos, do mundo da imaginação pueril.

V

O BOM E A HIPOCRISIA DO CONTRÁRIO

*Há todo um velho mundo ainda por destruir
e todo um novo mundo a construir. Mas nós
conseguiremos, jovens amigos, não é verdade?*
Rosa Luxemburgo

*O amor pela liberdade é o amor ao próximo. O
amor pelo poder, é o amor a si mesmo.*
Hazlitt

*Para conquistar o poder se necessita amá-lo. Pois
bem, a ambição não anda de acordo com a bondade,
senão somente com o engano e com a violência. Por
ele não são melhores, senão os piores, os que sempre
disfrutaram e seguem disfrutando do poder.*
Tolstoi

Depois dos exemplos trazidos à baila, os revoltosos enrustidos vão dizer que estou completamente fora da realidade, que só vejo o lado ruim da vida. O lado bom, o verdadeiro, o efetivamente pregado e realizado pelos três poderes da descivilização, são menosprezados. Vejamos. É sabido que Deus criou tudo, que é a verdade, é também todo bondade. Criou o universo e, óbvio, dirige-o, principalmente a terra, paraíso inicialmente criado para Adão e Eva e seus descendentes. Como Adão desobedeceu, instigado pelos eternos e traidores feminismos de uma cobra e uma mulher, Eva, (não fora a igreja cristã a instituição mais abominavelmente machista), o primeiro homem – embora feito a imagem e semelhança de Deus – revelou-se o contrário, fraco, influenciável e dependente. Assim, *pecou* ao comer do fruto proibido (a sabedoria). É claro, se desobedeceu ao Criador, tem que ser repreendido ou castigado. E, assim, todos nós, herdeiros e praticantes desse pecado da desobediência, temos de pagar pelo erro. E aí vem o merecido e justo castigo. Dependendo do pecado, mais ou menos grave, pode surgir o sofrimento, a doença e até a morte. Isso é justiça do todo poderoso. Não há por que refutá-la. Tudo justíssimo por ser divino.

Mas é de se indagar se Deus é todo bondade, e todo poderoso, como é que deixa, ou melhor, determina, que criancinhas inocentes morram aos milhares, milhões, pelo sofrimento atroz da fome e da doença? De causar engulhos a afirmação dos crentes de que o inexplicável e o indefensável residem tão somente na divina providência. E temos que, sem revolta, abaixar a cabeça e dizer amém!

Dirão os crentes religiosos com certo incomodo raivoso, repito, que só vejo o lado negativo da religião. Pelo menos admitem que haja lado negativo... E o lado bom das coisas que fizeram o desenvolver da civilização? Não conta? Como a sugestão ou determinação do "amai-vos uns aos outros", "não matar", "ajudar os irmãos pobres" etc. É óbvio que isso é absolutamente necessário para toda a humanidade. É a prática da ética pura. Não há negar. Mas porque o homem precisa de uma religião e sua igreja cristã impositiva de fé, para o exercício de tudo o que seja justo e bom? Acreditam que quem for pagão não conseguirá exercer a ética. Daí a necessidade de conquistá-los, convertê-los, doutriná-los e dominá-los.

Da mesma forma, a maneira como agem as forças armadas. É claro que defendem a pátria de invasões para evitar o domínio de outrem. É claro que muitas vezes seus soldados dão a vida para tal ação. É claro que com a força preservam o que é caro aos mais fracos sem defesa. Tudo ético e claríssimo.

Mas que dizer dos orgulhosos bombardeios em terras alheias, matando milhares de crianças, mulheres e idosos, destroçando habitações e lavouras? E que dizer também da página mais negra da história, a de Hiroshima e Nagasaki, vítimas de um massacre atômico desnecessário, por um bombardeiro americano, tripulado por pilotos heróis que, ao partir para a vergonhosa missão, receberam a benção de um clérigo cristão, com o espargir de água benta no avião de guerra, para irem matar em nome de Deus!

Falar de outra instituição como o capitalismo seria despiciendo. Essa então, com todas as benesses alardeadas por seus prosélitos, de que melhoraram a vida de toda a humanidade com o desenvolvimento econômico é de um cinismo atroz, quando se depara com a aberrante desigualdade social existente e permanentemente crescente. Os direitos humanos são completamente relegados. De lembrar até a conhecida "dama de ferro", oráculo do ultrapassado neoliberalismo quando afirmou, peremptoriamente, que "não existem direitos e sim, apenas, interesses". Ou ainda, a filosofia sabidamente reverenciada pelas gestões técnico-financistas de muitos países "democráticos", de que "não adianta ter direitos se não há dinheiro para cobri-los".

Tudo isto se deve a ânsia de poder. Do domínio da minoria oligárquica, que leva o bem-estar conservador a quem sempre o deteve. Embora deva ser desprezível, tal poder é sempre elogiado e almejado através dos tempos. Sempre determinista. Sempre fundamentalista. Sempre autoritário. Sempre hipócrita, ao apelar para a emotividade dos incautos, para doutrinar e convencer de que tudo que fazem será para realizar o bem comum. Será que essa pretensa realização civilizatória está baseada na ética verdadeira?

Não há dúvida de que os seguidores das doutrinas dessas instituições poderosas acreditam piamente nas benesses realizadas pelo desenvolvimento da civilização. E não há negar também que, apesar de todas os reveses do terror das guerras, das injustiças, da desigualdade, da imposição de erros, da vida mal vivida, a humanidade teve, sim, um desenvolvimento civilizatório.

Mas é de se perguntar: esse desenvolvimento não podia ser muitíssimo maior para o aprimoramento e felicidade de toda humanidade? Se a verdadeira ética fosse observada e sempre aprimorada, ao invés de se manter as cínicas e hipócritas mensagens do bem, divulgadas pelas instituições de poder aqui examinadas, é claro que teríamos uma verdadeira e maior evolução civilizatória.

Imagine-se a igreja, não apenas sugerir, mas impor a teologia da libertação, o que de pobreza, desigualdade e infelicidade restaria na terra? E se, em vez dos dez mandamentos, restasse apenas a sugestão não impositiva do "amai-vos uns aos outros"? Sem a pomposidade do clero, com suas luxuosas batinas e com suas igrejas revestidas de ouro, a demonstrar o elitismo do poder da classe superior, não haveria muito mais amor do que só os exigidos respeito e obediência?

E as forças armadas, se se desfizessem de seus ridículos uniformes de gala, repletos de penduricalhos monárquicos como as medalhas e ombreiras com cordões de ouro, para impor a ideia de que são superiores pelo poder da força? Se tão somente adotassem o sorriso humanitário do bem ao invés da carrancuda expressão de mando, para impor suas ordens ao povo subalterno? Se efetivamente defendessem o homem dos malfeitos de terceiros ou das ameaças a sua liberdade? Se suprimissem e evitassem, para o bem da humanidade, a fabricação de armas de toda espécie? Se adotassem o ético "amai-vos uns aos outros", não há dúvida de que seriam muito mais admirados e bem quistos como irmãos da bondade.

E se nos levássemos a imaginar a mais deletéria e injusta economia, que visa tão somente o lucro, como sendo a melhor que deve perdurar, por que não realizar concretamente o que apregoa sobre o livre mercado e a justiça social? Por exemplo: o empresário capitalista, ao ver a produção de sua empresa crescer e dar muito lucro pelos seus produtos, ao invés de embolsá-lo para o aumento de sua riqueza, obrigatoriamente dividi-lo irmãmente com todos os reais produtores, seus trabalhadores. Tal realização ética seria aplaudida com grandes sorrisos de solidariedade.

Estou convencido de que uma ética humanitária universal, criada pelo homem e para o homem, a ser observada como busca e fruto da verdade, sempre em evolução e aperfeiçoamento, seria, sim, produto de uma espécie de humana divindade. Espero que algum leitor possa concordar comigo.

VI

OPINIÕES E ESCLARECIMENTOS

Quão estranho é o nosso desejo de ambicionar o poder e perder a liberdade; ou buscar ter o poder sobre os outros e perder o poder sobre si mesmo.
Francis Bacon

A paixão de dominar é a mais terrível de todas as enfermidades do espírito humano.
Voltaire

Podemos ser pessimistas, desistir e ajudar a garantir que o pior ocorra. Ou podemos ser esperançosos, agarrar as oportunidades que certamente existem e, talvez, esperar fazer do mundo um lugar melhor. Na verdade, não é bem uma escolha...
Noam Chomsky

A essa altura, sinto que devo me recolher à minha modéstia — ou falsa modéstia pensarão alguns —, para evitar o atiçamento porventura deduzido de minhas ponderações. É óbvio que nenhum cristão convicto aceitará quaisquer críticas à sua igreja, mesmo que sejam apenas relatos comprovados da história. Dirá, com toda a firmeza, que o cristianismo jamais deixou de pautar-se pela ética, e que nunca foi de seu propósito, o alcance do poder para domínio de suas ovelhas. Por outro lado, afirmarão também, os abastados capitalistas, que o sistema econômico que defendem não se estabeleceu como poder para a exploração dos trabalhadores que lhes nutrem de riqueza, mas, ao contrário, provém-lhes o sustento com empregos bem pagos, que produzem bens para o consumo de todos. E que dizer dos militares, que expõem um retrato em que sempre pautaram sua brava consciência e atitude em defesa da pátria, do bem do povo, da democracia?

Certíssimo! Não me arvorarei a deles discordar. Daí a minha quase concordância com a inutilidade da discussão com fundamentalistas. Em sã consciência, alguém acredita ser possível, tentar sequer, convencê-los do contrário? Eis porque, desde o prefácio, anunciei a minha modéstia em escrever apenas para os íntimos. Não quero provocar ninguém. Quero tão somente deixar para os familiares a herança de meus pensamentos. Seriam corretos? Quem poderá afirmar? Seriam então completamente errados? Muitos dirão, convictamente, que sim, que as afirmações não têm respaldo na ciência, não há uma única defendida por qualquer autor de renome. Seria tudo invenção, devaneio de um escritor inculto.

Esse é um ponto que merece esclarecimentos. De uns tempos para cá, talvez dos anos do século XIX, principalmente pela cultura anglo-saxônica, todo escritor que se preza, tem que respaldar seus escritos em notas ao pé da página para mostrar que o que afirma, já foi afirmado por outro autor. E daí, são páginas e mais páginas com as tais notas explicativas. Acresce-se a estas mais páginas ainda da bibliografia. Nada contra, mas, por mais que se admire o autor, fica sempre a indagação sobre qual seria a ideia nova ou pessoal por ele divulgada.

Seria dele próprio ou dos citados autores das notas explicativas? Não condeno tal costume. Pode até ajudar no esclarecimento do que se quer divulgar. Mas, com a licença do leitor, dispenso-me de elaborar notas para meus escritos, que são antes de tudo apenas elucubrações. Mas, vá lá. Para não me tacharem de presunçoso e ignorante, afirmo que tudo que traduzo na escrita, foi tirado tanto do meu raciocínio quanto da cultura dos autores lidos de que me abeberei. Então, deixarei ao fim desses escritos uma robusta bibliografia para deleite dos reclamantes.

Prosseguindo, seria bom esclarecer também que a simplicidade que procuro para esta conversa pode ser condenada por quem, apressadamente, possa afirmar que encontra omissão da história nos ligeiros fatos narrados resumidamente. Por exemplo, dirão que o racionalismo dos gregos, por mais que tenha alcançado o verdadeiro milagre em meio à barbárie que o cercava, jamais chegou à plena dignidade da pessoa humana, haja vista que não reconhecia a dignidade da mulher, como também nunca deixou de afirmar o direito à escravização dos povos dominados etc. Que o reconhecimento da dignidade de todos os homens foi apanágio do cristianismo. Que sua religião produziu uma grande filosofia na Idade Média, com Santo Agostinho e São Thomaz de Aquino. Provavelmente um preparo para o advento do renascimento?

E o iluminismo da razão com seu expoente Kant e seu sábio mandamento do *"ouse conhecer"*, que chega à conclusão de que o reconhecimento de uma mesma natureza humana implica também no reconhecimento de que os valores éticos são expressão da moralidade de cada grupo humano, e que esta não está fundada exclusivamente na razão, mas, de alguma forma, também em algum grau de sensibilidade e afetividade.

E que dizer do capitalismo na idade moderna, que muito contribuiu para o desenvolvimento econômico da terra. Quantas conquistas são olvidadas? O que de bom também é esquecido? E também as forças armadas, que muitas vezes salvaram o mundo dum debacle totalitarista como na segunda guerra mundial?

Não há dúvida sobre tais fatos. A história os confirma e temos que absorvê-los. Elogiá-los até. O que não significa que temos que olvidar os não elogiáveis, em muito maior número, os que denigrem as instituições de poder, os responsáveis pelo que chamamos de descivilização. Poderá arguir-se que tudo na vida tem o lado bom e o lado mau. Certíssimo! Mas se sempre se procurasse realizar o lado bom, o que chamamos de dever ser, dificilmente haveria tantas épocas de involução civilizatória. Pode haver raciocínio mais simples?

Também poderão arguir que o principal da evolução da humanidade não seria a ética do dever ser. Seria a ciência, o caminho mais revelador de falsas verdades. É ela que faz o trabalho de desmistificar, esvaziar dogmas, evidenciar distorções. É a ciência que diz por meio da física da relatividade, da física quântica, da biologia, da ecologia, da astronomia, que a mudança é o que há de eterno, que a dinâmica da vida não é uniforme, nem sincrônica, nem retilínea ascendente. Mas indago se a ciência não pode ser traduzida como a própria razão da filosofia? Pois não é seu objeto a busca da verdade? O que faz a ciência senão isso? Se a mudança é o que há de eterno, se a ciência sempre muda no seu avanço para desvendar o verdadeiro, o certo, não seria o mesmo do dever ser a ser seguido como na ética?

Nesse caminhar para a frente da ciência, a busca da verdade, o dever ser dinâmico não pode ficar parado, satisfeito com uma pretensa verdade periódica, conservadora. Veja-se um exemplo simples: a terra era plana, a verdade de sua época. Depois, com a ciência, descobriu-se a verdade, que era redonda, depois meio que elíptica. Assim, a filosofia e toda a ciência, como a própria ética, não são estáticas. Será sempre um caminhar em busca da verdade, um dever ser a ser almejado pela humanidade.

Dito isso, explicado meu intuito, prosseguirei com meus singelos escritos, escorados nessas elucidações, ou mesmo, nas escusas aos apressados leitores.

VII

AS MAZELAS
DA CIVILIZAÇÃO

Se Deus fez todas as coisas para todos, e o homem é senhor por direito natural, como e onde se fez essa divisão de coisas?
Fray Francisco de Vitoria

Grande riqueza, grande escravidão.
Seneca

A grande crise econômica atual é uma crise global de Humanidade que não se resolverá com nenhum tipo de capitalismo, porque não é possível um capitalismo humano; o capitalismo continua a ser homicida, ecocida, suicida. Não há modo de servir simultaneamente ao deus dos bancos e ao deus da vida, conjugar a prepotência e a usura com a convivência fraterna. A questão axial é: trata-se de salvar o sistema ou se trata de salvar a Humanidade?
ACREDITO NESTA UTOPIA (Manifesto Socialista)

Dirão alguns dos poucos leitores que me brindam com sua paciência, que sou agressivo, raivoso, ressentido, só ataco, não tenho equilíbrio etc. Que escrevo em defesa de uma ética universal inexistente, utópica. Que o mundo real tem sim éticas realistas, muito mais verdadeiras, como a cristã, a capitalista e a das forças armadas. Que elas existem, não tenho dúvidas. E que sejam defensáveis pelos seus prosélitos, não há por que rechaçar.

Outros, mais equilibrados, até concordariam comigo em alguns pontos, mas sempre com o comentário de que "não é bem assim", "há deturpações em algumas conclusões" etc. Concordo até em lhes dar razão quanto as possíveis boas intenções no início do cristianismo, como também quanto ao advento da economia capitalista.

Com relação à religião, por exemplo, todo o discurso era do bem. Refizeram as lendas religiosas judaicas, transformando a deidade e humanizando a figura do filho de Deus, com o Novo Testamento. Era homem, e não bicho. Não há leitura que aflora com mais sinceridade, admiração, solidariedade, emoção e amor, do que as palavras do Cristo. São de uma beleza ímpar. Tivesse a humanidade seguido tais ensinamentos ao pé da letra, sem impositividade, e estaríamos, sim, até hoje recolhendo a harmonia do bem viver numa sociedade fraterna e feliz. Mas não foi isso o que ocorreu. O homem desvirtua a ética de seus princípios e hipocritamente, para ter poder, distorce os ensinamentos do bem do dever ser, para exercer o pragmatismo mandatório do seu quase contrário.

Que dizer então do capitalismo. Se tivesse o mundo seguido os inocentes e bem-intencionados bordões de um Adam Smith, teríamos uma economia benfazeja, em que a disputa e a concorrência entre produtores honestos, e não falsos propagandistas, provocariam o benefício de toda a sociedade no sentido de consumir os bens necessários à vida, sempre mais baratos. Não haveria exploração do trabalhador, pois este se irmanaria com o capitalista na divisão igualitária do ganho por ele produzido.

Mas basta dar uma olhada na história da civilização para verificar a completa inversão dos princípios benéficos já aludidos. O mundo virou de cabeça para baixo. Senão, vejamos.

A destruição da cultura clássica foi absoluta no ocidente. Com o aniquilamento da cultura grega e a transformação do império romano nas monarquias cristãs da Europa, o cristianismo assumiu o poder no mundo. Veio a Idade Média, a chamada idade das trevas, em que os únicos seres alfabetizados eram os clérigos. O resto funcionava a mando da nobreza armada, sem qualquer pensamento ou raciocínio. O mundo então evoluiu? Nada ou quase nada.

Temos o exemplo das cruzadas, que, em nome de Deus, partiam para a conquista da terra santa. Conquistaram sim, no caminho, aldeias que arrasavam, mulheres que estupra-

DESCIVILIZAÇÃO

vam, velhos e menores que matavam, e roubavam tudo que encontravam em seu caminho. Claro, em nome de Deus!

Não satisfeita, a igreja, a comandar todas as monarquias absolutas, institui a famigerada Inquisição, para, também em nome de Deus, aniquilar a quantidade dos não cristãos crentes, os pagãos, que diziam ser bruxas ou feiticeiras. Quantos seres humanos não morreram então torturados ou queimados, em obediência aos mandamentos do todo poderoso?

Pois não foi Santo Agostinho, o elogiado maior da igreja, o grande filósofo teólogo da cristandade, que dava ordens de que era dever do bom cristão o converter os heréticos, inclusive pela força se necessário. Pois não foi esse mesmo indivíduo que respondeu à sua santa mãe — quando lhe pediu para que se batizasse na religião — que ainda não era a ocasião de abdicar de sua vida de prazeres condenáveis; ainda tinha tempo para aproveitar as orgias antes de se cansar delas.

A força do poder ou o poder da força sempre foram os alicerces das culturas ditas civilizatórias. Essa civilização ocidental baseia-se tanto na força da doutrina da igreja cristã como no poder da riqueza capitalista e, óbvio, no seu esteio comum, as forças armadas.

Não será preciso repetir aqui as inúmeras manifestações bélicas de conquista e exploração exercidas pela igreja através dos séculos. Encheriam páginas e mais páginas, que cansariam o leitor. Dispenso-me da cansativa tarefa eis que já são sobejamente divulgadas e conhecidas, como também de elencar todas as tragédias provocadas pela economia capitalista e pelas forças armadas, responsáveis sem qualquer dúvida, a meu ver, pela parca evolução da sociedade humana, que chamo de descivilização.

Entretanto, contrariamente ao que já afirmei sobre citações de autores e notas ao pé da página, tão bem recebidas pelo leitor comum, tomo a liberdade de reproduzir trechos de um bom e célebre livro organizado por Gilles Perrault, o *Livro Negro do Capitalismo*. Atenho-me apenas ao período mais recente, o do século XX, para dar uma pequena amostra do que foram as imensas mazelas causadoras de milhões de mortes da humanidade, encontradas no capítulo intitulado "Capitalismo e barbárie: quadro negro dos massacres e guerras no século XX". Ali são enumeradas mais de quarenta dessas tragédias. Desconsiderando as das duas guerras mundiais, cinjo-me a citar apenas as que provocaram, cada qual, mais de um milhão de mortes de seres humanos.

- O genocídio dos armênios na Turquia — 1 milhão
- A guerra civil na Rússia, as fomes e as epidemias em consequência das intervenções estrangeiras e ao bloqueio pelo Ocidente — 6 milhões
- As vítimas da fome e das epidemias na Índia, na China e na Indochina (1900-1945) — 8 milhões
- As repressões em massa e a guerra civil desencadeadas por Chiang-Kai-Chek na China (1927-1937) — 1 milhão
- A agressão do Japão à China (1931-1941) — 1 milhão
- A guerra francesa na Indochina (1955-1976) — 1,2 milhões
- A guerra americana no Vietnã (1956-1975) — 2 milhões
- A guerra na Argélia (1956-1962) — 1,2 milhões

- Os massacres anticomunistas na Indonésia depois de 1965 — 1,5 milhões

- As guerras e as repressões em Bengala oriental, Bangladesh — 3 milhões

- A guerra em Biafra, Nigéria (1967-1970 — 1 milhão

- "Apenas entre 1900 e 1995, as guerras provocaram, em três quartos da população mundial, 5,5 milhões de mortos civis. A esse quadro incompleto falta acrescentar a morte por subnutrição de seis milhões de crianças, só no ano de 1997. Os refugiados e exilados eram estimados em 40 milhões em 1997."

Depois dessa lista, de causar engulhos de revolta e tristeza, haverá ainda algum leitor que poderá defender, com tresloucado orgulho, qualquer uma das três instituições deletérias aqui expostas?

VIII

O MUNDO
É ASSIM MESMO

A moral é a ciência das relações entre os homens e dos deveres que se desprendem dessas relações.
Barão Holbach

Odeio os indiferentes. Como Friederich Hebbel acredito que "viver significa tomar partido". Não podem existir os apenas homens, estranhos à cidade. Quem verdadeiramente vive não pode deixar de ser cidadão, e partidário. Indiferença é abulia, parasitismo, covardia, não é vida. Por isso odeio os indiferentes.
Antonio Gramsci

Todos os sistemas de moral inventados pelos homens, permaneceram no estado de utopias.
Pierre Nicole

Na tentativa de esclarecer que a involução civilizatória do homem continua atualmente, depois da amostra das tragédias ocorridas apenas no século XX, em defesa de minhas posições, dou três exemplos objetivos e reais em que são ensinadas e promovidas as tais éticas, verificados em casos transmitidos pela televisão ou mesmo por mim observados alhures.

Relato em primeiro lugar um caso de ética cristã. Uma reportagem sobre uma aldeia indígena do Amazonas. Inicialmente aparece uma taba grande de palha, rodeada por outras menores em círculo. Ali se encontram selvícolas machos, munidos de arco e flecha, com penas a lhe coroarem a cabeça, corpo nu com colares e algumas tinturas a lhe embelezar o corpo. Dançam ao redor de uma fogueira, cantando loas a sua divindade. Em seguida, depois de gritos aos imaginados animais inimigos, afastam-se para que as fêmeas da tribo tomem seu lugar no centro. Também em roda, abraçadas, cantam e dançam em círculo. Todas nuas, muitas sorridentes, diria felizes por participar da solenidade. Há as mais velhas, gordas matronas de peito caído, as mais jovens, bem-feitas, esbeltas, e até meninas impúberes, nenhuma a aparentar vergonha pela nudez. Todas irmanadas a cantar seus hinos em sons monossilábicos. Felizes? Pelos sorrisos e expressões faciais, diria que sim.

Continuando, o filme indica o movimento cristão ali chegado, com clérigos a construir ao lado da aldeia, uma igreja de madeira e também de palha. Óbvio para catequizar e salvar a alma dos inocentes indígenas. Vê-se, então, o padre no altar a fazer o sinal da cruz e abençoar os presentes. Só há mulheres. Todas agora vestidas de short comprido com blusas ou sutiãs a lhe esconder os seios. Todas, sem exceção, com rosários nas mãos, a ouvir e olhar obedientemente o padre. Algum sorriso? Alguma expressão de alegria ou felicidade? Não. A câmera mostra todas as fileiras de bancos ocupados por seres femininos seríssimos e tristíssimos! Aleluia! Essa a ética cristã, a de retirar a alegria do viver pela natureza, sem vícios ou desvirtualidades, para o viver na obediência cega dos mandamentos verdadeiros, por serem de Deus, e, em consequência, sofrer o arrependimento de seus pecados de inveja, de cobiça, e outros, mas principalmente o contra a castidade. A isso se dá o nome de catequização ética para a civilização cristã! Preciso comentar?

Em seguida, temos um jantar festivo na casa de um capitalista milionário, que reúne amigos para comemorar o resultado excepcional de seu estabelecimento bancário, que lhe auferiu um fabuloso lucro, advindo da exploração da economia financeira, e distribuiu gordos dividendos a seus colegas acionistas ali presentes. É whisky, champanhe, vinho francês caríssimo sendo sorvido pelos convivas, todos, ou todas, revestidas de joias caríssimas e de grifes famosas e chiques, compradas em viagens ao exterior. Depois vem a comilança, regada a risadas de felicidade. É lagosta, camarão, caviar etc. E segue a festa, com a conversa amena sobre política, mas sempre condenatória da tal de esquerda socialista, a que prega a defesa dos pobres, obviamente em detrimento dos justos ricos ali presentes.

Findo o jantar, o bom anfitrião dono da casa, feliz com o aumento inusitado de seu patrimônio, dirige-se ao mordomo, com muita polidez e seriedade, e lhe dá a seguinte ordem: "Não jogue fora os restos de comida que sobrou do jantar. Junte tudo em sacos plásticos e leve como doação fraternal aos moradores de rua da esquina. Coitados. Estão com fome, e ficarão felizes com as iguarias sobrantes que lhes estou oferecendo". Segue então para a cama, para se entregar a um sono tranquilo, com a alma lavada pela boa ação ética solidária que praticou.

E há também outra festa, a do aniversário do Joãozinho, que completa 10 anos, filho do coronel Joãozão, chefe da segurança pública. Ganha de presente do pai um jogo de uma dúzia de espingardas de brinquedo, iguaizinhas as reais, mas com balas de tinta. Metade de azul e a outra metade de vermelho. E a brincadeira está para começar. O coronel interrompe o alegre jogo de futebol, para instruir os meninos a disputar os lados azul ou vermelho na sorte. Isto feito, são 12 meninos armados com espingardas a defender seus lados, o bom azul contra o, nem tanto, vermelho. Dado o sinal da largada, os meninos correm para um lado e outro, entrincheiram-se, atiram, a raiva belicosa cresce, gritam para aniquilar o inimigo, tudo sob o comando e incentivo do coronel, juiz do jogo. No final, todos enlameados de tinta, ganha o lado mais forte, o azul.

O pai dá os parabéns aos vencedores e ensina que sempre ganhará o lado do bem, o que mais forte e raivosamente atacar e matar o inimigo, o do mal. Essa a ética militarista.

Fico a pensar em qual será a reação dos leitores que porventura tiveram interesse na leitura desses escritos até aqui. Não tenho dúvidas, repito, de que a primeira haverá de ser de rejeição das ideias aqui desenvolvidas. Seja a discordância sobre o cristianismo, ou o capitalismo e também das forças armadas. Acredito que não só haverá rejeição como muito provavelmente também revolta pura e simples. É que a formação cultural do homem moderno, estribada no fundamentalismo e determinismo de suas convicções, de seu credo, é extremamente forte e arraigada, talvez até imutável.

A revolta ou indignação dos defensores dessas instituições responsáveis pela descivilização, a meu modo de ver, sejam das três em conjunto, seja de apenas uma, afloram de maneira puramente emocional. Dirão, por exemplo: "como é que um sujeito ignorante se arvora a mentir descaradamente sobre a influência do capitalismo na descivilização, se é absolutamente sabido e comprovado que todo o imenso desenvolvimento material civilizatório se deve a já consagrada economia democrática capitalista, com a roupagem mais atual do neoliberalismo, a realizar cada vez mais a diminuição da desigualdade social, e acabar com a pobreza?".

Haverá outros, absolutamente convencidos de sua sabedoria, que, em tom gozador, repetirão pragmaticamente sobre o capitalismo o mesmo que Churchill afirmou sobre a democracia: "é o pior de todos os regimes, depois de todos os outros".

E que dirão os crédulos cristãos? Ficarão no mínimo ofendidos. "Como é que um escritor, sem preparo, sem nenhuma base de provas, descrente, pode se arvorar a duvidar de Deus e criticar sua religião, que é pela fé, comprovadamente, a verdade das verdades? Pois não foi o maior dos filósofos, Tomaz de Aquino, que afirmou do alto de sua Suma Teológica que o maior dos pecados é a descrença!".

E os militares, então, o que diriam? Dispenso-me até de imaginar. Tenho medo da repercussão que pode advir desses escritos não elogiosos, a revoltar os dignos patriotas, seres fortes e superiores com seus armamentos, para atacar-me ou torturar-me, com o fim de aniquilar as mentiras ofensivas por mim levantadas. Pois é sabido que são detentores da razão, do bem, e por isso são organizados com hierarquia, obediência e armas bélicas, tanto para proteger os donos do poder oligárquico, como para aniquilar os sem-razão, os seus contrários, os inferiores, os do mal.

A essa altura, imagino que a maioria dos ingênuos leitores pensam que devo agir com maturidade, e principalmente de forma democrática, para sopesar as opiniões contrárias. Tento fazê-lo. E se porventura as três instituições aqui examinadas estiverem corretas no seu pensar e detiverem a razão da verdade? Por consequência, estaria eu errado, realmente fora do rumo correto. E os discordantes ofendidos, certos, no sentido de que a humanidade nunca será livre, nem igualitária e muito menos fraterna, eis que "o mundo é assim mesmo, não há modificá-lo".

Então pergunto o que me restaria no fim dessa vida, cheia de dúvidas e também de algumas certezas, adquiridas com percalços dolorosos? Imagino novas gerações de filhos, netos, parentes, amigos, toda a querida sociedade enfim, a continuar dominada pela tragédia da realidade desse vale de lágrimas.

Obrigado ficaria a respeitar como certos o capitalismo, com sua liberdade de exploração; a igreja, com sua espiritualidade de complacência; e as forças armadas com seu apoio bélico, em manter os princípios conservadores, de que é próprio da vida, da civilização, a defesa intransigente da irracionalidade, da obediência e da ignorância pela fé, como a permanência perene da desigualdade econômica e social, em que poucas dezenas de meritórios ricaços da classe superior continuem detendo e aumentando sua riqueza, equivalente a da infeliz metade da humanidade da classe explorada inferior.

Diante dessa realidade, quero crer, para o meu bem, que deveria obedecer à sugestão de abdicar da ilusão utópica de minhas ideias e colocar os pés no chão do mundo real. Que fazer diante da superioridade desses ditames?

Só me caberia então, com a pouca humildade que ainda creio possuir, aceitar, sem revolta, o contrário. Por consequência, peremptoriamente, deveria me esforçar até os últimos momentos da vida que me resta, que esperaria alcançar o mais brevemente possível, para redimir-me de meus pecados irracionais e, assim, tentar chegar à verdade das verdades ao conquistar o paraíso dos céus, onde, parece, ou com certeza, encontraríamos, e só lá, a ética universal do dever ser realizada, no reino de Deus. Amém!

BIBLIOGRAFIA

*Um livro só é desculpável na medida em que ensina
alguma coisa.*
Voltaire

*Há uma regra fixa para julgar os livros e os
homens, sem necessidade de os conhecer: basta
saber a quem agradam e a quem desagradam.*
Joseph de Maistre

Todo livro tem como colaborador o seu leitor.
Barrès

Em atenção ao leitor interessado em consultar os autores, cujas ideias muito me esclareceram e das quais compartilhei, elenco apenas os livros publicados de mais fácil acesso neste século.

ABRAHAM, Michael. *The Science of Freedom*. [*S. l.*]: Edição própria, 2018.

ADORNO, Theodor W. *Estudos sobre a personalidade autoritária*. [*S. l.*]: Editora Unesp, 2019.

ALDRED, Timothy. *Bamboozled! Besieged by lies, man never a sinner*. [*S. l.*]: Edição própria, 2011.

ALMEIDA, Ronaldo De. *Conservadorismos, fascismos e Fundamentalismos*. [*S. l.*]: Editora Unicamp, 2018.

ALVATER, Elmar. *O fim do capitalismo como o conhecemos*. [*S. l.*]: Civilização Brasileira, 2010.

BAGGINI, Julian. *Freedom regained*. [*S. l.*]: Granta, 2016.

BARKER, Dan. *God, the most unpleasant character in all Fiction*. [*S. l.*]: Sterling, 2016.

BUC, Philippe. *Holy war, martyrdom and terror.* [*S. l.*]: Penn, 2015.

CANDIOTTO, Cesar; OLIVEIRA, Jelson. *Vida e liberdade* – entre a ética e a política. [*S. l.*]: Puc Press, 2016.

CARDOSO, Renato C. *Livre arbítrio:* uma abordagem Interdisciplinar. [*S. l.*]: Artesã, 2017.

CARVALHO, José Murilo de. *Forças armadas e política no Brasil.* [*S. l.*]: Todavia, 2005.

CATHERWOOD, Christopher. *Making war in the name of God.* [*S. l.*]: Citatel Press, 2007.

CHRISTIAKIS, Nicholas A. *Blueprint* – The evolutionary origins of a good society. [*S. l.*]: Little Brownspark, 2019.

CIORAN. *Historia e Utopia.* [*S. l.*]: Rocco, 2011.

CLAEYS, Gregory. *Dystopia.* [*S. l.*]: Oxford University Press, 2018.

COMPARATO, Fabio Konder. *A civilização capitalista.* [*S. l.*]: Editora Saraiva, 2013.

COMPARATO, Fabio Konder. *ÉTICA* – Direito, moral e religião no mundo moderno. [*S. l.*]: Companhia das Letras, 2006.

COPSON, Andrew. *Secularism-Politics, religion and freedom.* [*S. l.*]: Oxford Univeersity Press, 2017.

COSTA, Marta Nunes da. *Razões, paixões, utopias:* democracia em questão. [*S. l.*]: Liberars, 2018.

COYNE, Jerry A. *Porque a evolução é uma verdade.* [*S. l.*]: JSN, 2014.

COYNE, Jerry A. *Faith versus fact.* [*S. l.*]: Penguin Books, 2015.

CZERSKI, Wilson. *Destino:* determinismo ou livre arbítrio? [*S. l.*]: Editora EME, 2012.

DARDOT, Pierre. *A nova razão do mundo.* [*S. l.*]: Boitempo, 2016.

DAVIDS, Evan. *Christianity no longer makes sense.* [*S. l.*]: Edição Própria, 2017.

DAWKINS, Richard. *Science in the soul.* [*S. l.*]: Random House, 2017.

DAWKINS, Richard. *Outgrowing God.* [*S. l.*]: Random House, 2019.

DAWKINS, Richard. *Deus, um delírio.* [*S. l.*]: Companhia das Letras, 2018.

DAWKINS, Richard. *A grande história da evolução.* [*S. l.*]: Companhia das Letras, 2004.

DENNET, Daniel C. *Freedom evolves.* [*S. l.*]: Pinguin Books, 2003.

DESCHNER, Karlheinz. *El credo falsificado.* [*S. l.*]: Taxalparta, 2007.

DUSSEL, Enrique. *Ética da libertação.* [*S. l.*]: Editora Vozes, 2012.

EAGLETON, Terry. *O debate sobre Deus.* [*S. l.*]: Editora Nova Fronteira, 2009.

EAGLETON, Terry. *A morte de Deus na cultura.* [*S. l.*]: Editora Record, 2016.

EASTERLY, William. *The tyranny of experts.* [*S. l.*]: Basic books, 2013.

FEUERBACH, Ludwig. *A essência do cristianismo.* [*S. l.*]: Editora Vozes, 2007.

FEUERBACH, Ludwig. *Preleções sobre a essência da religião.* [*S. l.*]: Editora Vozes, 2009.

FLEISCHACKER, Samuel. *Uma breve história da justiça distributiva.* [*S. l.*]: Martins Fontes, 2006.

FO, Jacopo; TOMAT, Sergio. *O livro negro do cristianismo.* [*S. l.*]: Ediouro, 2007.

FREEMAN, Charles. *The closing of western mind.* [*S. l.*]: Vintage Books, 2005.

FREUD, Sigmund. *Totem e tabu.* [*S. l.*]: Cia. das Letras, 2016.

FREUD, Sigmund. *O mal estar da civilização.* [*S. l.*]: Cia. das Letras, 2018.

FRYE, Wayne. *Fighting for justice in the land of hypocrisy.* [*S. l.*]: Fireside Books, 2012.

GADDIS, M. *Religious violence in the christian roman empire.* [*S. l.*]: University of California Press, 2005.

GALLILEI, Galileu. *Ciência e fé.* [*S. l.*]: Editora Unesp, 2009.

GARCIA, John David. *The ethical state.* [*S. l.*]: Wexford College Press, 2003.

GARSCHAGEN, Bruno. *Direitos máximos, deveres mínimos.* [*S. l.*]: Editora Record, 2018.

GAZZANIGA, Michael S. *The ethical brain.* [*S. l.*]: Dana Press, 2005.

GAZZANIGA, Michael S. *Who's in charge.* [*S. l.*]: Harper Collins, 2011.

GEISELBERGER, Heinrich. *A grande regressão.* [*S. l.*]: Estação LiBerdade, 2017.

GOTTLIEB, Anthony. *O sonho da razão.* [*S. l.*]: Difel, 2000.

GOTTLIEB, Anthony. *The dream of enlightenment.* W.W. [*S. l.*]: Norton & Company, 2016.

GRAYLING, A. C. *Meditations for the humanist.* [*S. l.*]: Oxford University Press, 2003.

GREGG, Samuel. *Reason, Faith and the struggle for western civilization.* [*S. l.*]: Regenery Gateway, 2019.

GREENSBERG, Gary. *101 Myths of the Bible.* [*S. l.*]: Sourcebooks, 2000.

HAGGLUND, Martin. *This life:* secular Faith, spiritual freedom. [*S. l.*]: Pantheon Books, 2019.

HAIDT, Jonathan. *The righteous mind.* [*S. l.*]: Pantheon Books, 2012.

HARRIS, Sam. *The end of Faith.* [*S. l.*]: W.W.Norton & Company, 2004.

HARRIS, Sam. *Free Will.* [*S. l.*]: Free Press, 2012.

HECHT, Jennifer Michael. *Dúvida, uma história.* [*S. l.*]: Ediouro, 2003.

HEDGES, Chris. *The world as it is.* [*S. l.*]: Naron Books, 2012.

HITCHENS, Cristopher. *Os direitos do homem de Thomas Paine.* [*S. l.*]: Zahar, 2007.

HITCHENS, Cristopher. *Deus não é grande.* [*S. l.*]: Globo Livros, 2017

HOLLAND, Tom. *Dominion:* how the christian revolution remade the world. [*S. l.*]: Basic Books, 2019.

HOPEWELL, David W. *Christian fundamentalism* – a journey into the heart of darkness. [*S. l.*]: American Atheist Press, 2001.

HUNTINGTON, Samuel. *The clash of civilization.* [*S. l.*]: Simon And Schuster, 2011.

ISRAEL, Jonathan. *A revolution of the mind.* [*S. l.*]: Princeton University Press, 2010.

ISRAEL, Jonathan. *Revolutionary Ideas.* [*S. l.*]: Princeton University Press, 2014.

ISRAEL, Jonathan. *Iluminismo radical.* [*S. l.*]: Madras Editora, 2009.

JACOBY, Russel. *O fim da utopia.* [*S. l.*]: Editora Record, 2001.

JAPPE, Anselm. *Crédito à morte.* [*S. l.*]: Hedra, 2013.

KANT, Immanuel. *Lições de ética.* [*S. l.*]: Editora Unesp, 2018.

KELLY, Joshua. *Oh, your God.* [*S. l.*]: Pitchstone Publishing, 2016.

KEMPF, Hervé. *Para salvar o planeta liberte-se do capitalismo.* [*S. l.*]: Saberes Editora, 2012.

KEMPF, Hervé. *Como os ricos destroem o planeta.* [*S. l.*]: Editora Globo, 2010.

KLEIN, Peter. *Beyond God:* why religions are false, outdated and dangerous. [*S. l.*]: Edição própria, 2018.

KESSELRING, Thomas. Ética, política e desenvolvimento *humano*. [*S. l.*]: Educs, 2007.

KUNFELL, Benjamin. *Utopia or bust.* Verso, 2014.

KUNG, Hans. *Uma ética global para a política e a economia mundiais.* [*S. l.*]: Editora Vozes, 2000.

KUNG, Hans. *Uma ética mundial e responsabilidades globais.* [*S. l.*]: Edições Loyola, 2001.

KUNG, Hans. *Projeto de ética mundial.* [*S. l.*]: Paulinas, 2003.

KUTTNER, Robert. *Can democracy survive global capitalism.* [*S. l.*]: W.W. Norton & Company, 2018.

LENIN, Vladimir. *Democracia e luta de classes.* [*S. l.*]: Boitempo, 2019.

LINDENBERG, Adolpho. *Utopia Igualitária.* [*S. l.*]: Ambientes e Costumes Editora, 2016.

LOFTUS, John W. *Christianity is not great.* [*S. l.*]: Prometheus Books, 2014.

LOFTUS, John W. *Christianity in the light of Science.* [*S. l.*]: Prometheus Books, 2016.

MACK, Burton L. *Who wrote the new testament.* [*S. l.*]: Harper One, 2018.

MADISON, David. *Ten tough problems in christian thought and belief.* [*S. l.*]: Tellectival Press, 2016.

MALKIN, Vitaly. *Dangerous illusions.* [*S. l.*]: Arcadia Books, 2018.

MANDER, Jerry. *The capitalism papers* – fatal flaws of na obsolete system. [*S. l.*]: Counterpoint, 2012.

MARINO, Gordon. *Ethics* – the essential writings. [*S. l.*]: Modern Library, 2010.

MARR, Mahlon. *Truth* – Resuming the age of reason. [*S. l.*]: Toboso Publishing, 2006.

MENEZES NETO, Antonio Julio. *A ética da teologia da libertação e o espírito do socialismo MST*. [*S. l.*]: Editora UFMG, 2012.

MERCIER, Hugo. *The enigma of reason*. [*S. l.*]: Harvard University Press, 2017.

MESLIER, Jean. *Memória contra la religion*. [*S. l.*]: Editorial Laetoli, 2012.

MÉZÁROS, István. *Para além do capital*. [*S. l.*]: Boitempo, 2002.

MILANOVIC, Branko. *The haves and the have-nots*. [*S. l.*]: Basic Books, 2012.

MONTAIGNE, Michele. *Os ensaios*. [*S. l.*]: Martins Fontes, 2002.

MOREIRA, Eduardo. *Desigualdade e os caminhos para uma sociedade mais justa*. [*S. l.*]: Civilização Brasileira, 2019.

MOSS, Candida. *The myth of persecution*. [*S. l.*]: Harper One, 2013.

MOYON, Samuel. *The last utopia*. [*S. l.*]: Harvard University Press, 2010.

NIETZSCHE, Friedrich. *O anticristo*. [*S. l.*]: Martin & Claret, 2012.

NIETZSCHE, Friedrich. *Além do bem e do mal*. [*S. l.*]: Cia. de Bolso, 2017.

NIETZSCHE, Friedrich. *Genealogia da moral*. [*S. l.*]: Cia. de Bolso, 2018.

NIXEY, Catherine. *The darkening age*. [*S. l.*]: Houghton Mifflin Harcourt, 2018.

NOVAES, Adauto. *A invenção das crenças*. [*S. l.*]: Edições SESCSP, 2011.

OUTWAITE, William. *Teoria social*. [*S. l.*]: Zahar, 2017.

PAYNE, Thomas. *Senso comum*. [*S. l.*]: L&PM, 2009.

PAYNE, Thomas. *Os direitos do homem*. [*S. l.*]: L&PM, 2009.

PAPPENHEIM, Fritz. *A alienação do homem moderno*. [*S. l.*]: Editora Brasiliense, 2000.

PAULKOVICH, Michael. *Beyond the crusades* – christianity's lies, laws and legacy. [*S. l.*]: American Atheist Press, 2011.

PEARCE, Jonathan M. S. *Free will?* [*S. l.*]: Ginger Prince Publications, 2012.

PEDROSA, Edmar. *Teologia militar*. [*S. l.*]: Santos Editora, 2017.

PEGORARO, Olinto. *Ética dos maiores mestres através da história*. [*S. l.*]: Editora Vozes, 2013.

PIKETTY, Thomas. *CAPITAL in the twenty-first century*. [*S. l.*]: The Belknap Press of Harvard University Press, 2014.

PLUMMER, Joseph. *Tragedy and hope 101*. [*S. l.*]: Edição Própria, 2016.

POTTER, Garry. *Dystopia* – what is to be done? [*S. l.*]: New Revolution Press, 2010.

PRICE, Robert M. *The Christ myth theory and its problems*. [*S. l.*]: American Atheist Press, 2011.

RAY, Darrel W. *The God vírus* – how religion infects our lives and culture. [*S. l.*]: IPC Press, 2009.

RICOEUR, Paul. *A ideologia e a utopia*. [*S. l.*]: Autêntica, 2014.

ROBISON, Nathan J. *Why you should be a socialist*. [*S. l.*]: All Print Books, 2019.

ROSA, Luiz Carlos Mariano Da. *Determinismo e liberdade*. [*S. l.*]: Politicon Zoon Publicações, 2016.

ROSE, Michael. *O espectro de Darwin*. [*S. l.*]: Zahar, 2000.

ROSENFELD, Sophia. *Common sense, a political history*. [*S. l.*]: Harvard University Press, 2011.

ROSENFELD, Sophia. *Democracy and truth.* [*S. l.*]: University of Pennsylvania Press, 2019.

RUSSEL, Bertrand. *Conhecimento humano.* [*S. l.*]: Editora Unesp, 2018.

RUSSEL, Bertrand. *Historia da filosofia ocidental.* [*S. l.*]: Nova Fronteira, 2015.

SANTO AGOSTINHO. *Sobre o livre arbítrio.* [*S. l.*]: Ecclesiae, 2019.

SÃO THOMAZ DE AQUINO. *O livre arbítrio.* [*S. l.*]: Edipro, 2015.

SAVATER, Fernando. *Ética urgente.* [*S. l.*]: Edições Sesc, 2014.

SAWYER, Sig. *Christianity disproved.* [*S. l.*]: The Lockman Foundation, 2017.

SCHLEGEL, Jean-Louis. *A lei de Deus contra a liberdade do homem.* [*S. l.*]: Martins Fontes, 2009.

SCHMITT, Richard. *Alienation and freedom.* [*S. l.*]: Wesview Press, 2003.

SCHOPENHAUER, Arthur. *Essay on the freedom of will.* [*S. l.*]: Dover Publications, 2018.

SILVERMAN, David. *Fighting God.* [*S. l.*]: Thomas Dunne Books, 2017.

SINGER, Peter. *Ethics in the real world.* [*S. l.*]: Princeton university Press, 2016.

SLEDGE, Tim. *Four disturbing questions with one simple Answer.* [*S. l.*]: Insight Growth, 2019.

SMITH, Justin E.H. *Irrationality.* [*S. l.*]: Princeton university Press, 2019.

SOARES, Luiz Eduardo. *Desmilitarizar.* [*S. l.*]: Boitempo, 2019.

SOUZA, Jessé. *A ralé brasileira.* [*S. l.*]: Contracorrente, 2017.

SOUZA, Jessé. *A elite do atraso.* [*S. l.*]: Estação Brasil, 2019.

SOUZA, Roberto Pinto de. *As ideias que formaram a Civilização ocidental*. [*S. l.*]: Dus Editora, 2012.

SOWELL, Thomas. *Conflito de visões*. [*S. l.*]: É Realizações Editora, 2011.

SPINOZA. Ética. [*S. l.*]: Autêntica, 2008.

STENGER, Victor J. *God and the folly of Faith*. [*S. l.*]: Prometheus Books, 2012.

SUNKARA, Bhaskar. *The socialista manifesto*. [*S. l.*]: Basic Books, 2019.

TAYLOR, Charles. *A ética da autenticidade*. [*S. l.*]: É Realizações Editora, 2017.

TESSORE, Tag. *A mística da guerra*. [*S. l.*]: Nova Alexandria, 2007.

TODOROV, Tzvetan. *The inner enemies of democracy*. [*S. l.*]: Polity, 2012.

TORNIELLI, Andrea. *This economy kills* – Pope Francis on Capitalismo and social justice. [*S. l.*]: Liturgical Press, 2015.

TORRE, Andrew. *Myths of capitalism*. [*S. l.*]: Edição própria, 2014.

TROTTA, Wellington. *Cinco ensaios sobre o conceito de ética no pensamento de Marx*. [*S. l.*]: Editora Prismas, 2016.

UFFINGTON, W. H. *The greatest lie ever told*. [*S. l.*]: Workhorse Publishing, 2011.

VAZQUEZ, Adolfo Sanchez. *Ética*. [*S. l.*]: Civilização Brasileira, 2004.

VERAS, Ernesto. *Filosofia da liberdade versus livre arbítrio*. [*S. l.*]: Edições Lexicon Brasiliensis, 2015.

VITA, Alvaro de. *A justiça igualitária e seus críticos*. [*S. l.*]: Editora Unesp, 2000.

WALKER, Barbara. *Man made God*. [*S. l.*]: Stellar House Publishing, 2010.

WALLERSTEIN, Immanuel. *Utopistica ou as decisões históricas do século vinte e um.* [*S. l.*]: Editora Vozes, 2003.

WALTON, John H. *The lost world of Adam and Eve.* [*S. l.*]: IVP Academic, 2015.

WILFEN, Robert Louis. *The christians as the romans saw them.* [*S. l.*]: Yale University Press, 2003.

WILKENS, Steve. *Faith and reason* – three views. [*S. l.*]: IVP Academic, 2014.

WILSON, Edward O. *O sentido da existência humana.* [*S. l.*]: Companhia das Letras, 2014.

WINCHESTER, James. *Ethics in an age of savage inequalities.* [*S. l.*]: Lexington Books, 2015.

WOOD, Ellen Meiksins. *Democracia contra capitalismo.* [*S. l.*]: Boitempo, 2003.

WOODCOCK, George. *Os grandes escritos anarquistas.* [*S. l.*]: LPM Editores, 2019.

WRIGHT, Erik Olin. *Como ser anticapitalista no século XXI.* [*S. l.*]: Boitempo, 2019.

ZINN, Howard. *Truth has a power of its own.* [*S. l.*]: The New Press, 2019.

ZINN, Howard. *On history.* [*S. l.*]: Seven Stories Press, 2001.

ZUCKERMAN, Phil. *What it means to be moral.* [*S. l.*]: Counterpoint, 2017.

ZUCKERMAN, Phil. *Living the secular life.* [*S. l.*]: Penguin Press, 2014.

ZUCKERMAN, Phil. *Faith no more.* [*S. l.*]: Oxford University Press, 2012.

ZUCKERMAN, Phil. *Society without God.* [*S. l.*]: New York University Press, 2008.

LIVROS DE GILBERTO MOOG

DESUTOPIAS – MENTIRAS E MAZELAS DA CULTURA OCIDENTAL

Inspirado no clássico *Dom Quixote,* de Cervantes, que desejava corrigir todas as injustiças do mundo, o autor faz uma reflexão carregada de fina e requintada ironia sobre os "ismos" que tomaram conta do mundo, como capitalismo, comunismo, americanismo, machismo, feminismo, brasileirismo, entre outros, e se lança a combater as mentiras sociais que têm por fim a desconstrução de nossos sonhos de almejar sempre o melhor para a humanidade.

Desutopias, além dos méritos de um estilo simples e direto, contém a louvável intenção de levar ao leitor as ótimas análises de temas cuja discussão teórica é hoje tão necessária.

"Recomendo vivamente"

Fausto Wolff

O MACHISTA

A estória da dificuldade ou mesmo da impossibilidade do encontro amoroso entre duas gerações com formação cultural diversa: um homem de meia idade e uma mulher bem mais jovem.

"Um livro que chega a impressionar, pelo texto límpido e perfeito, de leitura cativante, que envolve o leitor, é obra da modernidade que tem gênese machadiana"

Jornal das Letras

A LÓGICA DO FIM DO MUNDO

O personagem narrador rememora etapas de sua vida ao ler o romance, que descreve a desestrutura social causada por uma hecatombe atômica. O livro, misto de crítica e libelo ao sistema econômico que rege a humanidade, é sem dúvida oportuno, pois retrata com pertinência, emoção e humor os dias tumultuados presentes como são e como poderiam vir a ser.

"Gilberto Moog é um verdadeiro escritor. Um escritor com perfeito domínio da língua. E uma vasta cultura literária"

Antonio Carlos Villaça